Primeros Lectores Ciencias
Animales de la Granja

Pollos

Texto: Peter Brady
Traducción: Dr. Martín Luis Guzmán Ferrer
Revisión de la traducción: María Rebeca Cartes

Consultora de la traducción:
Dra. Isabel Schon, Directora
Centro para el Estudio de Libros
Infantiles y Juveniles en Español
California State University-San Marcos

Bridgestone Books
an imprint of Capstone Press
Mankato, Minnesota

Bridgestone Books are published by Capstone Press,
151 Good Counsel Drive, P.O. Box 669, Mankato, Minnesota 56002.
www.capstonepress.com

Library of Congress Cataloging-in-Publication Data
Brady, Peter, 1944–
   [Chickens. Spanish]
   Pollos / de Peter Brady; traducción de Dr. Martín Luis Guzmán Ferrer; revisión de la
traducción de María Rebeca Cartes.
   p. cm. — (Primeros lectores ciencias. Animales de granja)
   Includes bibliographical references (p. 24) and index.
   Summary: Introduces the most common bird in the world by presenting facts about its
physical characteristics, what it eats, where it lives, and the eggs which it lays.
   ISBN 1-56065-787-1 (hardcover)
   1. Chickens—Juvenile literature. [1. Chickens. 2. Spanish language materials.]
I. Title. II. Series: Early reader science. Farm animals. Spanish.
SF487.5.B73518 1999
636.5—dc21
                                                       98-18747
                                                             CIP
                                                             AC

Editorial Credits
Martha E. Hillman, translation project manager; Timothy Halldin, cover designer

Photo Credits
All photos by William Muñoz. William is a freelance photographer. He has a B.A. from the University
   of Montana. He has taken photographs for many children's books. William and his wife live on a
   farm near St. Ignatius, Montana, where they raise cattle and horses.

1 2 3 4 5 6 04 03 02 01 00 99

Contenido

¿Qué es un pollo?

El pollo es el ave más común del mundo. La gente cría pollos sobre todo en las granjas. Los pollos se crían para que pongan huevos o para comerlos.

Cómo son los pollos

Los pollos tienen cuerpos gorditos, plumas sedosas y un par de fuertes patas. Tienen alas, pero no pueden volar muy lejos. Los pollos pueden ser rayados, moteados o de un sólo color. Las gallinas pesan de uno a seis kilos (de dos a 14 libras). Los gallos pesan más.

Gallos y gallinas

Los pollos machos se llaman gallos. El gallo tiene una cresta roja arriba de su cabeza y barbas que le cuelgan de la cara. Los pollos hembras se llaman gallinas. Ellas ponen huevos y les enseñan a sus pollitos a vivir.

Dónde viven los pollos

Los pollos viven en un gallinero o una jaula para pollos. El gallinero casi siempre está en un patio al aire libre. Algunas familias crían pollos en el patio trasero de sus casas. A los pollos les encanta estar en el patio. Ahí pueden rascar la tierra en busca de comida.

Qué comen los pollos

A los pollos se les alimenta con cereales y comida para pollos. Ellos rascan el suelo en busca de semillas, insectos y hierbas. Los pollos también pueden comer sobras de nuestra comida, como papas y pan.

Diferentes tipos de pollos

Hay más de 50 diferentes razas de pollos. Algunas de éstas son las Rhode Island Colorados, Leghorn, Conualles, Ancona y Wyandotte. Algunas razas sólo se crían para exhibición.

Los huevos

Una gallina pone de 60 a 150 huevos al año. Los huevos pueden ser blancos, oscuros o moteados. Si los huevos no han sido fecundados, entonces pueden servir como comida.

Los pollitos

Si los huevos son fecundados, entonces pueden llegar a ser pollitos. Las gallinas tienen que sentarse en los huevos fecundados. Durante tres semanas los mantienen calientitos. Cuando los pollitos están listos, rompen su cascarón y salen al mundo.

Qué nos dan los pollos

Los pollos nos dan los huevos que compramos en la tienda. La mayoría de los pollos se destina a la carne que comemos. El pollo es una de las comidas más populares del mundo.

Conexión literaria: Una fábula de Esopo

La lechera y su balde

Una mujer iba al mercado con un balde de leche. Lo balanceaba sobre su cabeza. Entonces empezó a hacer un plan.

Con el dinero de la leche, compraría una docena de huevos. Los huevos empollarían, y ella vendería los pollitos para comprarse un bonito vestido. Con ese vestido todo mundo la envidiaría, y ella levantaría su nariz al aire.

Mientras pensaba todo esto, levantó su nariz al aire y el balde se le cayó de la cabeza. Todos sus planes se convirtieron sólo en un charco en el suelo.

La moraleja de esta historia es: no cuentes tus pollos antes de que nazcan.

Conoce las palabras

barbas—aletas sueltas de piel que cuelgan de los dos lados de la cabeza de un pollo

cresta—bulto rojo, como corona, arriba de la cabeza del pollo

fecundado—condición del huevo después que un gallo y gallina se juntan para producir un pollito

gallinero—jaula o casa para pollos

raza—grupo de animales que tiene los mismos ancestros

Más lecturas

Burton, Robert. *Egg.* New York: Dorling Kindersley, 1994.

Fowler, Allan. *The Chicken or the Egg?* Chicago: Children's Press, 1993.

Legg, Gerald. *From Egg to Chicken.* Lifecycles. New York: Franklin Watts, 1998.

Stone, Lynn M. *Pollos.* Animales de Granja. Vero Beach, Fla.: Rourke Enterprises, 1991.

Índice